Andreas Merkle

a-a-b-b-a

Mit Limericks durch's Jahr

Dieses Buch enthält ca. 100 Gedichte in Limerick-Form (Reimschema a-a-b-b-a). Diese Gedichte handeln von den Höhepunkten in der Welt des Sports des Jahres 2007 und werden durch Fakten in Prosa-Form ergänzt. Der Inhalt erhebt keinen Anspruch auf Vollständigkeit und Richtigkeit.

Ein Limerick ist ein kurzes, in aller Regel scherzhaftes Gedicht in fünf Zeilen mit dem Reimschema a-a-b-b-a und einem (relativ) festen Silbenschema, das eine Geschichte erzählt, die meistens mit einer Pointe endet. Wichtiger als die Zahl der Silben ist die Rhythmik.
Quelle: Wikipedia.de

Für meine Familie

Andreas Merkle

a-a-b-b-a

Mit Limericks durch's Jahr

Sport-Limericks 2007

Ein Limerick ist ein kurzes, in aller Regel
scherzhaftes Gedicht in fünf Zeilen mit dem
Reimschema a-a-b-b-a und einem (relativ) festen
Silbenschema, das eine Geschichte erzählt, die
meistens mit einer Pointe endet. Wichtiger als die
Zahl der Silben ist die Rhythmik.
Quelle: Wikipedia.de

Bibliographische Informationen der Deutschen Bibliothek: Die Deutsche Bibliothek verzeichnet diese Publikation in der Deutschen Nationalbibliothek; detaillierte bibliographische Daten sind im Internet über http://dnb.bdb.de abrufbar.

© 2008 Andreas Merkle, Herstellung und Verlag:

Books on Demand GmbH, Norderstedt,

Germany, Erste Auflage, ISBN: 9-783837-012064

Lyrischer Jahresrückblick
Sport-Limericks 2007

Januar 2007

Deutsche Springer, die war'n gut in Form.

Doch dieser Schweizer - er sprang nach vorn.

Günther Jauch der hört auf.

Und der Thoma? Der auch?

Guido Buchwald's Bilanz ist enorm!*)

*) Skispringen: Beim Neujahrsspringen in
Garmisch-Partenkirchen belegen Martin Schmitt
(8.) und Michael Uhrmann (9.) gute Plätze. Es
siegt der Schweizer Andreas Küttel. TV-Sport:
Günter Jauch hört als TV-Skisprung-Experte bei
RTL auf. Sein Co-Kommentator Dieter Thoma
(Ex-Skispringer) macht wohl weiter. Fußball:
Fußball-Weltmeister (1990) Guido Buchwald holt
als Trainer in Japan mit Urawa Red Diamonds
sowohl Meisterschaft als auch Pokalsieg.

Januar 2007

Bremens Diego gewinnt die Wahl klar.

Wird der Jan denn bei Bayern zum Star?

Rocky, der Boxer geht rein,

wird länger Gast im Knast sein.

Und der Jacobsen springt wunderbar.*)

*) Fußball: Profi-Kollegen wählen den Brasilianer
Diego zum Spieler der Bundesliga-Vorrunde;
Bayern München verpflichtet Aachens Jungstar
Jan Schlaudraff für die nächste Saison; Ex-
Weltmeister Graciano Rocchigiani muss wegen
Verstoßes gegen Bewährungsauflagen neun
Monate ins Gefängnis; Skispringen: Der
Norweger Anders Jacobsen gewinnt die
traditionsreiche Vier-Schanzen-Tournee

Januar 2007

Martin Kaymer ist erstmals auf eins.

Für den Langer wird's schwerer – so scheint's.

Yes, der Dirk wird noch reicher,

Beck's braucht Dagobert's Speicher.

Ribery woll'n die Bayern – nicht Mainz!*)

*) Golf: Neuprofi Martin Kaymer löst Legende Bernhard Langer als deutsche Nr. 1 ab; US-Basketball: Der Deutsche Dirk Nowitzki verlängert Vertrag bei den Dallas Mavericks bis 2011 und erhält dafür 40 Mio. US-Dollar; US-Fußball: Englands David Beckham erhält für 5-Jahres-Vertrag bei Los Angeles Lakers 250 Mio. US-Dollar; Bayern München ist an französischem Nationalspieler Frank Ribery interessiert

Januar 2007

Miller wird Sieger am Lauberhorn.

Bringt Marcellinho die Wölfe nach vorn?

Lange ist Schnellster im Bob.

Ebenso Hallmich ist top!

Yeah, mit Golfer Tadd „a star is born!"*)

*) Ski alpin: Bode Miller (USA) gewinnt
Lauberhornabfahrt in Wengen (Schweiz);
Fußball: VfL Wolfsburg verpflichtet Brasilianer
Marcellinho; Bob: Doppel-Olympiasieger Andre
Lange holt Gold im Viererbob bei der EM in
Cortina d'Ampezzo; Boxen: Weltmeisterin Regina
Hallmich verteidigt Titel gegen die Ungarin Reka
Krempf nach Punkten; Golf: Der 16-jährige Tadd
Fujikawa wird sensationell Achter bei den Sony
Open auf Hawaii (5,2 Mio $ Preisgeld)

Januar 2007

Für den Basti ist endgültig Schluss,

seine Seele, die traf den Entschluss.

Kati und Alex sehr gut.

Davor zieht jeder den Hut!

Deutscher Sieg zum Beginn war ein „muss".*)

*) Fußball: Nationalspieler Sebastian Deisler (FC
Bayern München) beendet wegen Depressionen
sein Fußballer-Karriere; Biathlon: Kati Wilhelm
1.Saison Weltcup-Sieg in Pokljuka; Alexander
gewinnt sein insgesamt 3.Weltcup-Rennen (auch
in Pokljuka); Handball: standesgemäßer WM-
Auftaktsieg Deutschlands bei der Heim-WM
(32:20 gegen Argentinien)

Januar 2007

Für zwei Teams gab's ein spätes Finale.

Mazoch, beim Skisprung stürzt heftig zu Tale.

Anni schafft Novum auf Eis.

Kobe's Rekord sicher heiß!

Michel, die Mehrheit erhält im Saale!*)

*) Fußball: Nach 113 Jahren holen der FC Hanau 93 und Viktoria Berlin die erste deutsche Meisterschaft nach. Finale 1894 ausgefallen, weil den Hessen das Geld für die Reise nach Berlin fehlte. Der Titel ging am Grünen Tisch an Viktoria; Skispringen: Pole Jan Mazoch nach Sturz im tschechischen Zakopane im künstlichen Koma; Eisschnelllauf: Anni Friesinger (Sieg bei Sprint-WM in Hamar) feiert als als erste Läuferin Siege in allen vier wichtigen Wettbewerben (Olympische Spiele, Einzelstrecken-WM, Mehrkampf-WM, Sprint-WM): US-Basketball: Kobe Bryant (Los Angeles Lakers) schafft als jüngster Spieler die 18.000 Punkte-Marke im Basketball; Fußball: Ex-Top-Spieler Michel Platini (Frankreich) wird zum neuen UEFA-Präsident gewählt

Januar 2007

Deutsche Handballstars die sind stabil.

Gewinnen die Herzen und Spiel um Spiel.

Bayern zeigt Magath die Tür.

Holen den Ottmar dafür.

Gold gibt's im Eislauf für Technik und Stil. *)

*) Handball-WM in Deutschland: das deutsche
Team gewinnt 4 von 5 Vorrundenspielen und
gewinnt dramatisch im Halbfinale (Deutschland-
Frankreich 31:31 nach 2. Verlängerung); Fußball:
Bayern München entlässt Trainer Felix Magath
und holt Ottmar Hitzfeld wieder als Trainer;
Eiskunstlauf: Die Vorjahreszweiten Aljona
Sawtschenko (23) und Robin Szolkowy (27)
gewinnen EM-Gold für Deutschland

Februar 2007

Deutsche Herren die sorgen für's Märchen.

Muss der Heiner jetzt stutzen sein Bärtchen?

Stevens ersetzt den Doll.

Neuner bei WM ganz toll,

Doppel-Gold schafft sie als jüngstes Mädchen! *)

*) Handball-WM: Deutschland besiegt Polen
29:24 und wird Handball-Weltmeister; Fußball:
Der Hamburger SV verpflichtet Trainer Huub
Stevens als Nachfolger von Thomas Doll;
Biathlon-WM: 20-jährige Magdalena Neuner
gewinnt als jüngste Sportlerin den Sprint und die
Einzelverfolgung

Februar 2007

„Colts" sind die Sieger beim Super Bowl.

Gomez, der Mario mit Auftakt-Goal!

Pärson Super-G(ee)

Staudacher Italy

MMB auf EINS beim „Sport mit Gaul".

US-American Football: Indianapolis gewinnt
Super Bowl; Fußball: Mario Gomez schießt bei
seinem 1. Länderspiel gleich ein Kopfballtor
(Deutschland-Schweiz 3:1); Alpine Ski-WM:
Schwedin Anja Pärson und Italiener Staudacher
gewinnen Super-G; Reiten: Meredith Michaels-
Becker Nr.1 der Weltrangliste

Februar 2007

Deutsche Damen, sie jubeln gar sehr.

Top, die Leistung beim Lauf mit Gewehr.

Die rodelnde Kraushaar,

Geschichtsbücher-Star!

Tennis-Hoch wie schon lange nicht mehr! *)

*) Biathlon-WM: Beim Massenstart-Rennen holen Andrea Henkel, Martina Glagow und Kati Wilhelm mit Gold, Silber und Bronze deutschen Dreifach-Sieg; Rodeln: Silke Kraushaar-Pielach holt zum 5. mal den Gesamtweltcup und übertrumpft Silke Otto (4 Siege); Tennis - Davis Cup: Deutschland nach Sieg über Kroatien erstmals seit 2001 im Viertelfinale

Februar 2007

Biathleten mit Gold sehr behängt,

Pärson fährt, wie mit Laptop gelenkt.

Der Svindal siegt zweifach,

Rot-weiss-rot - das gibt Krach,

wenn man Wünsche und Ziele bedenkt. *)

*) Biathlon: Medaillenregen für deutsches Team (Damen und Herren) bei WM in Antholz, Andrea Henkel und Michael Greis gewinnen zudem den Gesamt-Weltcup; Ski-Alpin - WM: Anja Pärson (Schweden) und Aksel Lund Svindal (Norwegen) sind überragende Einzelfahrer bei WM in Are/Schweden. Vor allem die medaillenverwöhnten Österreicher enttäuschen.

Februar 2007

Deutsche Nordische sind gut dabei,

reale Bayern siegen 2 zu 3,

Towers schießt famoses Bild.

Roger's Durst noch nicht gestillt.

Und bei Uhrmann bricht der Fuß entzwei. *)

*)Nordische Ski-WM: Langlauf (Evi Sachenbacher (Silber), Teichmann (Gold), Angerer (Silber), Nord. Kombination Kircheisen (Bronze); Fußball Champions League: Real Madrid – Bayern München (2:3); Dan Towers (USA) schießt „Sportfoto des Jahres"; Tennis: Roger Federer seit 160 Wochen Weltranglisten-Nr.1 und damit neuer Rekordhalter; Skispringer Michael Uhrmann bricht sich leider kurz vor WM den Fuß

Februar 2007

Ja der Felix, der tritt aus dem Schatten.

Vorbei, dass wir Jan als Radsport-Star hatten.

Uns're Springer ganz lau.

Kombinierer 'ne Schau.

Und der Tobi auf Drei mit den Latten. *)

*) Ski-Weltcup: Felix Neureuther (Sohn von
Gold-Rosi Mittermaier und Slalom-As Christian
Neureuther mit sensationellem 2.Platz beim
Heim-Slalom am Garmischer Gudiberg; Radsport:
Tour de France-Sieger Jan Ullrich erklärt
Rücktritt; Nordische Ski-WM: Dt. Skispringer nur
8. Platz im Mannschaftsspringen, Deutsches
Kombinations-Team dagegen starker 2.Platz,
Langlauf Tobias Angerer Bronze im 15 km-
Langlauf (wg. „widriger Wetterverhältnisse
moralischer Sieger")

März 2007

Dreimal Titel im Einzel für Ronny.

Stabhoch Titel holt erstmals der Danny.

1 bis 4 für die Damen,

2 vor Filbrich ankamen.

Viele dachten der „Flop" gewinnt nie.

*) Nordische Ski-WM: Ronny Ackermann gewinnt zum 3.Mal in Folge den Kombinations-WM-Einzeltitel; Leichtathletik: Danny Ecker gewinnt mit Hallen-Europameisterschaft im Stabhochsprung erstmals internationalen Titel; Biathlon: Mit Glagow, Wilhelm, Hitzler und Henkel vier dt.Damen auf ersten 4 Plätzen im Weltcup in Lahti (Finnland); Nordische Ski-WM: Jens Filbrich Dritter im 50 km-Langlauf; Leichtathletik: Dick Fosbury wird 60 Jahre alt. Fosbury gewann (nach anfangs großem Spott) mit dem nach ihm benannten Sprungsstil (Fosbury-Flop) die Goldmedaille im Hochsprung bei Olympia 1968.

März 2007

Nur die Jenny war diesmal ganz oben.

Und der Klitschko schickt Austin zu Boden

FC Bayern olé,

Jürgen Röber ‚Ade',

Tobi Angerer lang muss man loben. *)

*) Eisschnelllauf-WM: In Salt Lake City gewinnt
Jenny Wolf als einzige Deutsche eine
Goldmedaille (über 500m im Sprint). Boxen
(Schwergewicht): Wladimir Klitschko schlägt
Austin (USA) in der 2. Runde k.o; Fußball: Jürgen
Röber beendet bereits nach 8 Spielen seine
Trainertätigkeit bei Borussia Dortmund; Ski-
Langlauf: Tobias Angerer gewinnt Gesamt-
Weltcup

März 2007

Timo Boll ballert Bälle ganz toll.

Und durch Doppel und Team dreimal Boll.

0:1 für Deutschland B.

Doch das tut ja gar nicht weh!

Maske Henry macht sein Konto voll. *)

*) Tischtennis-EM: Der überragende Timo Boll gewinnt das Doppel, im Team und zum guten Schluss auch noch den Einzeltitel. Fußball: Die ersatzgeschwächte deutsche Fußballnationalmannschaft verliert gegen Dänemark erstmals wieder nach 8 Siegen. Allerdings war es nur ein Freundschaftsspiel; Boxen: Henry Maske (43) besiegt nach über 10 Jahren Virgil Hill nach Punkten (und erhält dafür ca. 2 Mio. €). 1996 hatte er seinen letzten Kampf gegen Hill verloren.

März 2007

Eine Premiere schafft der VfB.

Spielt am Netz und sitzt ganz nah' am See.

Sensation durch Chagaev,

Punktsieg über Valuev.

Viermal Pokal für den THW. *)

*) Volleyball: Der VfB Friedrichshafen holt als erste deutsche Mannschaft den Champions League-Sieg an den Bodensee; Boxen: Ruslan Chagaey(Usbekistan) entthront im Superschwergewicht Nikola Valuev (Russland) als Weltmeister; Handball: Der THW Kiel holt zum vierten Mal den dt. Handball-Pokal

April 2007

Für die Bayern sind sie „das rote Tuch".

Gegen Milan ist's wie ein „schlimmer Fluch"

Zach war stark beim Putten.

Pech, die Deutschen hatten.

Und die Werth steht zum 2. Mal im Buch. *)

*) Fußball Champions League: Bayern München scheidet wieder mal gegen den AC Milan aus (diesmal im Viertelfinale) nach 0:2 Heimniederlage; Golf: Zach Johnson (USA) gewinnt US-Masters vor Tiger Woods; Curling: Deutsche Curler (CC Füssen) verlieren zum 5. Mal ein WM-Finale; Dressur-Reiten: Isabell Werth gewinnt nach 1992 zum zweiten Mal das Weltcup-Finale

April 2007

Adler Mannheim – der Eishöhenflug.

Auch vorn Kiel, HSV, Magdeburg.

Hambüchen ganz keck,

ganz klasse am Reck.

Und Team Deutschland mit Bremse am Bug.*)

*) Eishockey: Adler Mannheim werden deutscher
Meister; Handball: Siege für THW Kiel
(Champions League), HSV Hamburg
(Europapokal der Pokalsieger) und SC Magdeburg
(EHF-Cup); Turnen: Fabian Hambüchen wird
Reck-Europameister; Segeln: Das Team Germany
wird beim America's Cup nur Zehnter und damit
Vorletzter

April 2007

Werfer Dirk wird zwar , der' MVP („em-wi-pi").

Doch in play-offs das Team schwach wie nie.

Mehmet Scholl, der hört auf.

„Kleinem Schumi" droht „Aus"

Schweizer Roger gewinnt beim ATP („ei-ti-pi")*

*) Basketball: Dirk Nowitzki (Deutschland) wird
‚most valuable player' (wertvollster Spieler) in
der NBA (US-Liga), scheitert jedoch mit seinen
Dallas Mavericks bereits in der 1.Runde der play-
offs; Fußball: Ballkünstler Mehemt Scholl (FC
Bayern München) beendet seine Karriere nach
unzähligen Titelgewinnen; Formel 1: Ralf
Schumacher tut sich schwer für die neue Saison
ein Formel-1 Team zu finden; Tennis: Roger
Federer (Schweiz) gewinnt das ATP-Turnier in
Hamburg

Mai 2007

Alle Schwaben: „Oh, wie iss dess schee,

wir sind Meister mit dem Armin Veh"!

Schalker Knappen sind dabei,

Bremer immerhin auf drei,

Gladbach, Mainz und Aachen leis' „ade".*

*) Fußball: Der VfB Stuttgart wird nach
spannendem Finale mit Trainer Armin Veh
Deutscher Fußballmeister Saison 06/07, Platz 2
(Schalke 04) und Platz 3 (Werder Bremen) sind
ebenfalls für Champions League qualifiziert,
Absteiger sind Bor. Mönchengladbach, Mainz 05
und Alemannia Aachen

Mai 2007

AC Mailand ist das „team der teams“,

Und der "Club" ist "in the land of dreams"

Gekas wird der Kanonier.

Diese drei war'n schon mal hier.

Nie war einer je gedopt – so schien's.

* Fußball: Der AC Milan (Italien) wird
Champions-League-Sieger (2:1 gegen FC
Liverpool), 1.FC Nürnberg wird DFB-Pokalsieger;
Theofanis Gekas(VfL Bochum) wird mit 20
Treffern Bundesliga-Torschützenkönig der Saison
06/07, der Karlsruher SC, MSV Duisburg und
Hansa Rostock steigen wieder in die 1.Bundesliga
auf; Radsport: Dopinggeständnisse von Bert
Dietz, Rolf Aldag, Erik Zabel und Barne Riis

Juni 2007

Justine Henin topt Roland Garros

Und der Nadal ist dort Sandplatz-Boss.

Bamberg „Korbball"-Meister.

THW ein weit'rer.

Nach dem Devils-Sieg ist World Bowl-Schluss. *)

*) Tennis: Bei den French Open gewinnen Justine Henin (Belgien) und Rafael Nadal (Spanien); Basketball: Die Brose Baskets Bamberg werden Deutscher Basketball-Meister; Handball: Der THW Kiel wird Deutscher Hallenhandball Meister; American Football: Die Hamburg Sea Devils werden NFL-Europe Meister. Nach 10 Jahren wird der Spielbetrieb aus finanziellen Gründen eingestellt.

Juni 2007

Diese Tina wirft sehr weit den Speer.

Denn der flog geradeaus – nicht quer!

Vettel ist jüngster Sammler.

Aus Heppenheim, da stammt er.

Und die Spurs, die überzeugen sehr. *)

*) Leichtathletik: Christina Obergföll stellt neuen
Europarekord im Speerwerfen auf; Formel 1: Der
19-jährige Heppenheimer Sebastian Vettel holt in
Indianapolis(USA) als jüngster Fahrer WM-Punkte
(Platz 8, 1 Punkt); US-Basketball: San Antonio
Spurs werden zum 4. Mal NBA-Champions

Juli 2007

Dort in Hamburg-Horn da gab's Galopp.

Diesmal Adlerflug bester Hopp-Hopp.

USA und die Schweiz,

sind auf Rasen der Reiz.

Und in Spanien macht Schuster den Job. *)

*) Galopp: Adlerflug gewinnt das Deutsche
Galopp-Derby in Hamburg-Horn; Tennis: Venus
Williams (USA) und Roger Federer (Schweiz)
gewinnen in Wimbledon; Fußball: Bernd Schuster
(Deutschland) wird Trainer bei Real Madrid

Juli 2007

Ja der Hamit, der spielte sehr flott,

seine Bayern sind mit ihm schon hot,

Werder Bremen ist raus,

ohne Sieg - kein Applaus,

Hamits Bruder, der spielt noch im Pott. *)

*) Fußball: Der Ex-Schalker Hamit Altintop
schlägt mit seinem neuen Verein Bayern
München im Ligapokal klar Werder Bremen. Sein
Zwillingsbruder Halil spielt weiterhin beim FC
Schalke 04

Juli 2007

Dieser Rasmussen fliegt aus der Tour.

Und der Frings erlebt keine Tortour.

Keinen Riss, Gott sei Dank!

Das Skalpell bleibt im Schrank,

Danny Ecker, Monaco, bonjour! *)

*) Radsport: Der Spitzenreiter Michael
Rasmussen (Dänemark) wird als Spitzenreiter
wegen Dopinggerüchten und Lügen bei der Tour
de France suspendiert; Fußball: der Bremer
Nationalspieler Thorsten Frings hat doch nicht
wie befürchtet einen Kreuzbandriss;
Leichtathletik: Danny Ecker (Leverkusen)
gewinnt Stabhochsprung-Meeting in Monaco

Juli 2007

Dort in Leipzig da findet es statt,

und weil er zu tief gegriffen hat,

weil am Schniedel gezerrt,

wurd' van Bommel gesperrt.

bald Bayern - Schalke, „dös is watt!" *)

*) Fußball: Ligapokal-Finale (Schalke 04 –
Bayern München) am Samstag in Leipzig ohne
van Bommel, da er Meira (Stuttgart) in die
Weichteile gegriffen hat.

Juli 2007

Bei der Tour ist er nun ganz spitze,

fährt Contador clean, ohne Spritze?

Der Ballack zu Real?

Wär' Chelsea das egal?

Englands Linksverkehr, Spaniens Hitze! *)

*) Radsport: Alberto Contador (Spanien) ist jetzt
Tour de France–Spitzenreiter; Fußball: Michael
Ballack (FC Chelsea London) wird mit Real Madrid
in Verbindung gebracht.

Juli 2007

Ja, der Klose schoss sein gold' nes Tor,

er kam Neuer, Kristajic zuvor.

Und auch die Hallmich siegt,

weil „gut boxen", ihr liegt,

Contador Sp(r)itze - ist schwarzer Humor!

*) Fußball: Ligapokal Bayern – Schalke 1:0;
Boxen: Regina Hallmich besiegt Rodrigez und
bleibt Weltmeisterin; Radsport: Alberto Contador
gewinnt die dopinggeplagte Tour de France!

Juli 2007

Auch der Mayo, der Kerl hat gedopt.

Cejka wurd' für sein Golfspiel gelobt.

HSV ist weiter,

Lobinger braucht 'ne Leiter,

Beim Handball-Film, die Fans ham' getobt.*)

*) Radsport: Spanien-Radprofi Iban Mayo; Golf: Alex Cejka wird 10. bei den Golf-Canadian-Open; Fußball: Hamburger SV schafft UEFA-Cup-Qualirunde; Leichtathletik: Stabhochspringer Tim Lobinger hat Leistenbrüche, Handball: Handall-WM-Film "Projekt Gold" uraufgeführt.

August 2007

Nadine Angerer, die steht im Tor

und in Hannover, da führt man vor,

Real Madrid, oh je'

ein 3:0 tut weh,

Toro Rosso stellt den Vettel vor. *)

*) Fußball: Nadine Angerer Torhüterin bei der
Fußball-WM; Formel 1: Sebastian Vettel
(Deutschland) wird neuer Formel 1-Fahrer bei
Toro Rosso

August 2007

Ja, in Stuttgart dort findet sie statt,

wie der Rat der Stadt entschieden hat,

Rad-WM fängt bald an,

viele Kontrollen gibt's dann.

Ballack, Kaka? Madrid noch nicht satt! *)

*) Stuttgarter Gemeinderat entscheidet sich für
Austragung der Rad-WM unter dem Vorbehalt
verstärkter Doping-Kontrollen; Real Madrid sucht
noch einen Star für's Mittelfeld.

August 2007

Sehr, sehr knapp für die Bayern ja, ja,

gegen Wacker fast raus, hoppala,

der Riemann hielt super,

auch Kahn SouperTrouper,

und Ingo dem Wunder nur nah.*)

*) Fußball-DFB-Pokal; Wacker Burghausen –
Bayern München 4:5 n.E.; Torhüter Manuel
Riemann mit Glück und Geschick. Wacker-Trainer
Ingo Anderbrügge mit seinem Team knapp
gescheitert.

August 2007

Stuttgarts Gomez siegte bei der Wahl,

Birgit Prinz bereits zum siebten Mal.

Siegerpaar des Jahres,

das heißt Ruhm, statt Bares.

Für den VfB siegt Veh noch einmal. *)

*) Mario Gomez (VfB Stuttgart) Fußballer des
Jahres, Birgit Prinz (1.FFC Frankfurt) Fußballerin
des Jahres, Armin Veh (VfB Stuttgart) Trainer des
Jahres

August 2007

Kaum hat Gomez die Wahl gewonnen,

ist das Glück abhanden gekommen.

T-Mobile macht weiter,

Fahrer-Grinsen breiter.

Ein Schlag Barry Bonds bewegt Tonnen!

*) Mario Gomez (VfB Stuttgart, Fußballer des Jahrs) fehlt wegen Oberschenkelzerrung beim Saisonauftakt; T-Mobile bleibt Radsponsor, Barry Bonds stellt neuen US-Baseball Homerun-Rekord auf.

August 2007

Luca Toni dankt Miro Klose.

Und Wolfsburg's Start ging in die Hose.

Kanuten räumen ab,

Reiter auch - nicht mal knapp.

So gibt's für VW niemals Bronze!*)

*) Fußball: München – Rostock 3:0, Klose (2 Tore) +1 Vorlage für Luca Toni, Wolfsburg (Trikotsponsor: VW) – Bielefeld 1:3; Kanusport: Kanuten 4 x Gold bei Kanu-WM in Duisburg, Reiten: deutsche Reiter gewinnen Nationenpreis in Dublin (9:13 gegen USA)

August 2007

Thomas Doll und Hans Meyer, oh je!

Keine Punkte, null Spaß, das tut weh!

Federer ist mal raus,

Tiger Woods mit Applaus,

Kanuten loben über'n grünen Klee! *)

*) Fußball: misslungener Saisonauftakt für
Trainer Thomas Doll (Dortmund) und Hans Meyer
(Nürnberg) Dortmund-Duisburg 1:3, Nürnberg –
Karlsruhe 0:2; Tennis: Roger Federer verliert
Tennis-Finale in Montreal, Golf: Tiger Woods
gewinnt PGA-Golf-Championship; Kanu: deutsche
Kanuten holen 9 WM-Goldmedaillen

August 2007

Augsburgs Störmann heftig kritisiert,

seine Rede Fans hat irritiert,

Van der Vaart ist versucht,

Spanier sind betucht.

Für Osaka sechzig nominiert.*)

*) Fußball: Stadionsprecher Störmann sorgt für
Eklat, indem er das 1:0 als irreguläres Tor
bezeichnet (2.Liga Augsburg - 60 München 2:6) ;
FC Valencia (Spanien) macht Van der Vaart
(HSV) verlockendes Angebot; Leichtathletik: 60
Leichtathleten vom DLV für WM in Osaka
nominiert.

August 2007

TuS Makkabi klagte auf sein Recht,

er empfand ein Aufstieg wär' gerecht.

Schümann streicht die Segel,

Steffen hat wohl Flügel,

Abschlussball legt sich der Scholl zurecht! *)

*) Fußball: In Berlin erwirkte der Tus Makaabi
den Fußball-Aufstieg vor ordentlichem Gericht;
Segeln: Segler Schümann verlässt Team Alinghi;
Schwimmen: Schwimmerin Steffen holt 2. Gold;
Fußball: Mehmet Scholl (Bay. München) beendet
seine große Karriere (8 x Meister, 5 x DFB-Pokal)
mit Abschiedsspiel gegen FC Barcelona

August 2007

Bayern – Barcelona null zu eins,

Scholl heißt Mehmet und nicht Heinz,

Auf Eins die Reit-Equipe,

der van der Vaart nicht lieb,

'persona non grata' des Vereins? *)

*) Fußball: Abschiedsspiel für Mehmet Scholl
(Bay. München – FC Barcelona 0:1); Reiten: dt.
Reiter führen bei Springreiter-EM; Fußball: van
der Vaart versucht mit vielen Mitteln seinen
Wechsel vom HSV zum FC Valencia zu erzwingen.

August 2007

Der Jens siegt bei der Deutschland-Tour,

er radelt stark mit viel Bravour.

Was glitzert wie Magie?

Ein Trick von Ribery!

Für and're gab's Blamage pur! *)

*) Radsport: Jens Voigt gewinnt die
Deutschland-Tour; Fußball: FC Bayern -
Neuzugang Ribery zeigt technisches
Kabinettsstückchen; Bremen – Bay. München
0:4, Schalke 04 – B. Dortmund 4:1

August 2007

MMB und ihr Pferd Shutterfly,

springen hoch und flott, wie einst im Mai.

Nowitzki ist lang, lang,

Der HSV bleibt dran.

Und bei van der Vaart gibt's kein bye,bye! *)

*) Reiten: Meredith Michael-Beerbaum wird Reit-Europameisterin auf Shutterfly; Basketball: Dirk Nowitzki bereitet sich auf die Basketball-EM vor; Fußball: HSV 2 Spiele, 2 Siege, Platz 2 hinter Bayern; Van der Vaart nach eigener Aussage wahrscheinlich weiter HSVer

August 2007

Und weil adidas viel Plätze baut,

den 3 Streifen weiter wird vertraut.

In Köln da bockt der(?) Geiß',

Aachen lockt auf's falsche Gleis.

Federer – ganz wohl in seiner Haut! *)

*) Fußball: adidas bleibt wohl DFB-Ausrüster und
baut viele Bolzplätze für die Jugend; 2. Liga
Derby FC Köln (Geißbock-Elf) – A. Aachen 0:1;
Tennisprofi Federer gewinnt in Cincinnati sein 50.
Turnier

August 2007

Dieser Anfang sah bedrohlich aus,

am Ende wurd' ein Fest daraus.

Jogi siegt in Wembley,

ganz England stöhnt – oh' nee!

Deutsche trinken einen Scotch darauf! *)

*) Bundestrainer Jogi Löw siegt mit seinem Team
im Londoner Wembley-Stadion ! Nach 0:1
Rückstand drehte Deutschland das Spiel zum
verdienten 2:1 Sieg

August 2007

Dieser VfL Bochum ist stark,

trifft den HSV mitten in's Mark.

Und in Köln jubelt Daum,

es ist wahr, man glaubt's kaum,

spielte Jena erst stark – dann Quark!*)

*) VfL Bochum – Hamburger SV 2:1; 2.Liga Köln-
Jena 4:3 (nach 1:3 Rückstand bis 18 Minuten vor
Schluß)

August 2007

Deutsche Hockey Frau'n hol'n sich den Sieg,

für den Bartels nur Platz sieben blieb.

Bayern immer heißer,

Ribéry – the Kaiser!

Auch Franz lobt: "magnifique, phantastique!" *)

*) Deutsche Hockey-Damen wurden
Europameister ; Europameister Ralf Bartels bei
Leichtathletik-WM im Kugelstoßen nur Siebter;
Bayern München – Hannover 3:0, Franck Ribéry
wird schon mit Bayern Legende Beckenbauer
verglichen (statt Kaiser Franz, Kaiser Franck)

August 2007

In Osaka da siegt die Campbell,

bei den 100 da war sie ganz schnell.

Daum, den Mund nahm zu voll,

Real beim Start schier toll,

Auch den Gay muss man loben „done well!" *)

*) Veronica Campbell und Tyson Gay gewinnen
die 100 m bei Leichtathletik-WM in Osaka; Kölns
Trainer Christoph Daum erhält 2 Spiele Sperre +
Geldstrafe (Kritik an Schiedsrichter); 1.
Saisonspiel in Spanien Real Madrid – Athletico
Madrid 2:1

August 2007

Dieser Diskus von Harting flog weit,

über Silber hat der sich gefreut.

Doch auch Trauer ist da,

Sevilla's Puerta,

dessen Tod ist ein Schock und bringt Leid! *)

*) Robert Harting gewinnt bei Leichtathletik-WM
Silber. Sevilla's Jungprofi Puerta (22) stirbt ein
paar Tage nachdem er bei einem Fußballspiel
wegen Herzrhythmusstörungen auf dem Spielfeld
wiederbelebt werden musste

August 2007

Dieser Diskus der deutschen Franka,

flog weit wie Paloma Blanca,

für Dietzsch der dritte Sieg,

Bremen in Champions League,

denn in Zagreb gab' s RambaZamba! *)

*) Franka Dietzsch zum dritten Mal Diskus-
Weltmeisterin (1999, 2005 und jetzt 2007); D.
Zagreb – Werder Bremen 2:3 (Bremen dadurch
für Champions League qualifiziert)

August 2007

Uns're Werfer die ham' den Dreh' raus,

dreimal Metall für das deutsche Haus.

Diesmal war's Betty,

gewann gegen Yipsi.

HSV mit viel Saus und viel Braus! *)

*) Nach Harting und Dietzsch (Silber und Gold im
Diskus) holt Betty Heidler Gold im
Hammerwerfen vor Olympiasiegerin Yipsi
Moreno; Der HSV zieht durch ein 4:0 gegen
Budapest in den UEFA-Cup ein.

August 2007

Ja, im Speerwurf gab's den Doppelpack,

auch die Staffel war enorm auf Zack.

Tyson Gay dreimal Gold,

schnelles Glück war ihm hold.

AC Mailand holt den Supercup. *)

*) Christine Obergföll und Steffi Nerius, Silber
und Bronze im Speerwurf; 4x100 Damen-Staffel
im Finale; Tyson Gay 100m, 200m und in der
Staffel Gold; Supercup-Finale AC Mailand - FC
Sevilla 3:1

September 2007

Eins, zwei Triathlon-Sieger Unger,

nach dem Rennen hatt' er Hunger,

Ruder-WM la-la,

kein einz'ges Gold na, ja!

Vom HSV 'ne starke Nummer. *)

*) Daniel Unger wird erster deutscher Triathlon-Weltmeister in Hamburg; Deutsche Ruderer bei WM in München zwar gut, aber ohne Sieg; HSV knöpft den Münchner Bayern beim 1:1 die ersten Punkte ab.

September 2007

Bayerns Olli hat jetzt den Rekord.

Bald kann er geh'n zufrieden von Bord!

Ballack darf noch nich',

Tommy Haas schindet sich.

Deutschland siegt knapp im Basketballsport. *)

*) Bayern Torhüter Olli Kahn ist in seiner letzten
Bundesliga-Saison jetzt mit 535 Bundesliga-
Spielen Rekordtorhüter; Ballack von Chelsea
wegen Verletzung nicht für Champions League
gemeldet; Tommy Haas nach Fünfsatz-Krimi bei
Tennis- US-Open im Viertelfinale; erstes
Basketball-EM-Spiel Deutschland – Tschechien
83:78 erst in Verlängerung entschieden

September 2007

Die in Gerolstein haben genug,

sponsern nicht mehr den „Doping-Betrug!"

Vittek news are no „goods"

Mickelson schlägt den Woods.

Und der Federer Lopez klar schlug. *)

*) Gerolsteiner zieht sich ab 2008 aus dem Profi-Radsport zurück; Robert Vittek (1.FC Nürnberg) muss am Meniskus operiert werden; Phil Mickelson siegt vor Tiger Woods bei den ‚Deutsche Bank Golf-Championships' in Norton (USA); Federer zieht mit 3:6, 6:4, 6:1, 6:4 gegen Lopez in Tennis-US-Open-Viertelfinale ein

September 2007

15 Jahre - so lang ist es her.

Deshalb freu'n sich die Turner so sehr.

Wasserballer nicht top.

Für den Tommy ein Flop.

Ohne Lahm gegen Wales, das wird schwer! *)

*) erste Medaille (Bronze) für deutsche Turn-Riege um Hambüchen bei Turn-WM seit 15 Jahren; Wasserballer spielen nur um Plätz 5 bis 8; Tommy Haas sang- und klanglos im Viertelefinale gegen Davydenko raus (3:6, 3:6, 4:6); Deutschland muss im Fußball-EM-Quali-Spiel gegen Wales (in Cardiff) auf den verletzten Philipp Lahm verzichten.

September 2007

Kaum zu fassen, wie gut der das macht,

fast ein Wunder hat er jetzt vollbracht,

im Zwölfkampf der Zweite,

begeisterte Leute.

Dieser Fabian hat Stil und hat Saft! *)

*) Der 19-jährige Fabian Hambüchen wird bei der Turn-WM in Stuttgart nach einer starken Aufholjagd am Schlussgerät Reck Vizeweltmeister im Zwölfkampf. Grandios!

September 2007

A.-S. Hindermann am Barren gut,

auch die Volleyballer machen Mut,

Miro Klose wunderbar,

Schweiz und Österreich ganz nah!

Pass auf Bauermann, sei auf der Hut'! *)

*) Anne-Sophie Hindermann wird gute Fünfte am Stufenbarren bei Turn-WM; Volleyballer nach Sieg gegen Griechenland in Zwischenrunde bei EM; Klose zweifacher Torschütze Wales-Deutschland (0:2), dadurch beste Chance sich für Fußball-EM in Schweiz/Österreich zu qualifizieren; Basketballtrainer Bauermann und sein Team nach Niederlag in Zwischenrunde in Zugzwang (Deutschland-Frankreich 66:78)

September 2007

Turner Hambüchen holt Gold am Reck.

Nervenprobe steckt er super weg.

Powell Schnellster auf der Welt.

Federer holt sich viel Geld.

Hamilton sieht nur Alonso's Heck! *)

*) Fabian Hambüchen zeigt als letzter Turner
eine fehlerfreie Übung und wird dadurch Reck-
Weltmeister bei der Turn-WM; Asafa Powell läuft
mit 9,74 Sekunden neuen 100m-Weltrekord;
Feder gewinnt US-Open zum 4. Mal in Folge und
erhält 1,4 Mio. Dollar Preisgeld; Alonso siegt vor
Hamilton beim Formel 1-Grand-Prix in Monza

September 2007

Schier unendlich ist der Turner Jubel,

auf Hambüchen wartet großer Trubel.

Basketballer desaströs,

Bundestrainer ganz sehr bös'!

Deutsche Frauen spiel'n, 'ne geile Kugel! *)

*) Deutschland bejubelt Turn-Superstar Fabian
Hambüchen, der jetzt ein sehr gefragter Mann
sein wird; dt. Basketballer verlieren gnadenlos
44:77 gegen die Slowakei; Deutsche Fußball-
Frauen demontieren im WM-Eröffnungsspiel
Argentinien mit sage und schreibe 11:0

September 2007

Tiger Woods siegt jetzt fünf Dutzend mal

Und sein Preisgeld, das ist kolossal.

Volleyballer sind auf Trab,

Der Tim, der siegt mit seinem Stab,

Handball: Magdeburg, das war 'ne Qual. *)

*) Woods gewinnt sein 60. Profi-Golf-Turnier
(Preisgeld insgesamt:75,0 Mio. Dollar);
Volleyballer gewinnen erste Spiel in EM-
Zwischenrunde; Tim Lobinger gewinnt den
Stabhochsprung in Linz; Magdeburg – HSV 24:29
(zwischenzeitlich 10 Tore Vorsprung)

September 2007

Lukas Podolski wieder in der Spur,

David Odonkor - das ist Sprinten pur.

Nowitzki – war zwar knapp,

geht's jetzt doch noch ab?

Für den DVV - wenig Hoffnung nur. *)

*) Podolski (nach 11 Monaten erstmals wieder)
und der superschnelle Odonkor treffen beim
Länderspielsieg Deutschland – Rumänien (3:1);
Basketball-EM: Deutschland nach Sieg gegen
Italien (67:58) gerade so eben noch ins
Viertelfinale gerutscht; Deutsche Volleyballer
nach Niederlage (1:3 gegen Spanien) mit wenig
Chancen auf das Halbfinale bei der EM

September 2007

Diese Strafe ist äußerst drakonisch.

Der Betrag ist viel mehr als symbolisch.

Beide Ball-Teams, die sind out

und die Trainer sehr vergrault.

Tifosi und Griechen euphorisch. *)

*) Formel 1: McLaren-Mercedes wg.
Spionageverdacht 100 Mio. Dollar Geldstrafe und
alle Team-Punkte weg; sowohl dt. Basketball- als
auch Volleyball-Team bei EM im Viertelfinale
ausgeschieden; Tifosi (italienische
Fußballanhänger) und Griechen bejubeln gute
EM-Qualifikations-Ergebnisse

September 2007

Dortmunds Borussen, die sind ganz toll,

hau'n Werderaner die Bude voll.

Köppen-Zuckschwerdt wird Dritte,

Kiefer – im Reich der Mitte.

Uns're Frauen nicht Dur sondern Moll.*)

*) Bundesliga: Bor. Dortmund – Werder Bremen
3:0; Sabrina Köppen-Zuckschwerdt wird WM-
Dritte im Judo; Tennis-Profi Nicolas Kiefer zieht
in's Halbfinale beim ATP Tunier in Peking; Nach
11:0 Auftaktsieg spielt Deutschlan nur 0:0 gegen
England bei Frauen WM

September 2007

Auf der Alm, da sind sie aus dem Häuschen.

Bayern Durchmarsch macht ein kleines Päuschen.

Kiefer with no good end,

Korbjäger Happy End.

Trotzdem keine Sause - nur ein Säuschen! *)

*) Arminia Bielefeld (traditionell hieß das Stadion
"Bielefelder Alm") nach dem 5. Spieltag
Bundesliga-Tabellenzweiter; Bayern München
nach drei Siegen jetzt zwei Unentschieden
(Bayern-Schalke 1:1); Tennisprofi Kiefer im
Halbfinale von Peking ausgeschieden; Basketball:
Deutschland – Slowenien 69:65, dt. Basketballer
haben immerhin noch Olympia-
Qualifikationsturnier geschafft.

September 2007

Durch den Sieg steppt der Berliner Bär,

KSC so gut, wie lang nicht mehr.

Dirk ist Top der Werfer.

Formel 1 noch schärfer.

Tigers Jackpot ist millionenschwer! *)

*) Hertha BSC Berlin und der Karlsruher SC (der
Aufsteiger) rücken durch Auswärtssiege in obere
Tabellenregion; Dirk Nowitzki wird mit
Deutschland Fünfter und erwirft sich die meisten
Punkte bei der Basketball-EM; Nach Ferrari-
Doppelsieg in Spa wird es im Titelkampf mit
McLaren noch enger; Tiger Woods gewinnt in
Atlanta einen 10 Millionen-Jackpot beim Golf-
Turnier der 30 besten Golfer.

September 2007

Bis zum eins null war der Auftritt stark.

Dann die Schwaben schwach im Ibrox-Park.

Schümann setzt die Segel,

„Luiz, du warst ein Flegel!"

Das "eins eins" Mourinho traf in's Mark. *)

*) Champions League: VfB Stuttgart nach 1:0
Führung doch 1:2 verloren gegen Galsgow
Rangers; Jochen Schümann wird Sportdirektor
des dt. America's Cup – Segelteams; Portugals
Trainer Luiz Scolari nach beinahe Kinnhaken für 4
Spiele gesperrt ; FC Chelsea-Trainer José
Mourinho nach mäßigem Ligaauftakt und 1:1 in
Champions League zurückgetreten bzw.
entlassen.

September 2007

Dieser Start in den UEFA-Cup

war von deutschen Teams doch reichlich schlapp.

Bayern nur - eins zu null,

Nürnberg gar - Doppel Null,

nur der Werks-Club hob ein wenig ab! *)

*) Hinspiele 1. Runde UEFA-Cup: Bayern
München – Lissabon 1:0, Nürnberg - Bukarest
0:0, Bayer 04 Leverkusen – Leiria 3:1

September 2007

Tennis Tommy hat Auftaktmatch vergeigt.

Philipp Kohlschreiber besseres gezeigt.

Bremen, Hertha lachen.

Was soll Sander machen?

Wird der Daumen jetzt zur Erd' geneigt? *)

*) Tennis Davis-Cup Halbfinale: Tommy Haas 3-Satz-Niederlage, Kohlschreiber 5-Satz-Sieg; Fußball: Bremen (4:1 gegen Stuttgart), Hertha Berlin (3:2 gegen Dortmund) in der Bundesliga erfolgreich; Cottbus-Trainer Petrik Sander nach Niederlage (1:2 gegen Wolfsburg) vor dem Rauswurf

September 2007

Dort in Baden fing der Olli an,

Bei den Bayern wuchs er zum Titan.

Die von Bayer jubeln.

Die in Cottbus trudeln.

Russen zogen Deutschen „Tennis-Zahn" *)

*) Fußball: FC Bayern – Keeper Olli Kahn gewinnt
bei seinem Heimatverein Karlsruher SC 4:1;
Hannover 96 – Bayer Leverkusen 0:3 (Bayer jetzt
Tabellendritter); Energie Cottbus entlässt bei
Fans beliebten Trainer Sander; Tennis: Russland
schlägt Deutschland im Tennis-Davis-Cup-
Halbfinale mit 3:2

September 2007

Auftaktsieg macht die Damen heiter,

große Frauen siegen ohne Leiter.

Sigurdsson – das tut weh,

Schulter kaputt – oh, je!

Schüttler, Phau, Becker, Kiefer – weiter! *)

*) Basketball-EM: Auftaktspiel Deutsche Damen
– Italien 85:78; Volleyball-EM: dt. Damen treffen
in Zwischenrunde auf Türkei, Russland und
Frankreich; Handballer Gudjon Sigurdsson (VfL
Gummersbach) drei Monate Pause nach Schulter-
Luxation; dt. Tennis-Profis Schüttler, Phau,
Becker und Kiefer bei internationalen Turnieren
eine Runde weiter

September 2007

Jetzt, der Meyer Hans nicht mehr witzig,

wenn's so weitergeht, Hände schwitzig.

Stark das Team aus Baden,

Bayern, Cottbus' Schaden!

Dieses Finale wird wohl hitzig. *)

*) Fußball-Bundesliga: Nürnbergs Trainer Hans
Meyer nach Heimniederlage gegen Leverkusen
(1:2) im Tabellenkeller; Frankfurt – Aufsteiger
Karlsruhe (0:1); Bay. München – Cottbus (5:0);
Fußball-WM: Deutsche Fußball-Frauen nach 3:0
gegen Norwegen im WM-Finale gegen Brasilien

September 2007

Weil der Süden den Norden besiegt,

Deutschland Brasilien zum Gegner kriegt.

Cottbus hat 'nen Neuen

Mainzer Sieg ist zum Freuen.

Deutsche Damen zur EM gesiegt. *)

*) Brasilien schlägt USA 4:0 im Süd-,
Nordamerikaduell und trifft im Finale der Frauen-
Fußball-WM auf Deutschland; Energie Cottbus
verpflicht Slowenen Bojan Prasnikar als neuen
Trainer; Mainz fügt 60 München erste Niederlage
in der 2.Liga zu (3:0); Volleyball-Damen schaffen
mit 3:0 Sieg gegen Frankreich 6.Platz und
erneute EM 2009-Qualifikation

September 2007

Für die Arminen gab's `ne Klatsche,

auch der Club verbleibt in der Patsche.

Bayern schlagen Bayer,

fliegen immer higher.

Und die Franka heißt Dietzsch und nicht

Dietzsche! *)

*) Bundesliga: Werder Bremen - Arminia
Bielefeld (8:1), Bayer Leverkusen – Bayern
München (0:1); Bochum – Nürnberg (3:3);
Leichtathletik: Diskuswerferin Franka Dietzsch
wird von KollegInnen zum Champion des Jahres
gewählt

September 2007

Dieses Finale war wunderbar,

kaum zu glauben, aber dennoch wahr!

Birgit Prinz – sie war die Queen

Nadine Angerer – ganz clean,

dieses Mal, da war'n sie unschlagbar! *)

*) Frauen-Fußball-WM in China: Deutschland wird zum zweiten Mal in Folge Weltmeister (2:0 Sieg gegen Brasilien), Top-Spielerin Birgit Prinz mit Torerfolg, Torhüterin Nadine Angerer hält Elfmeter und lässt im ganzen Turnier kein Gegentor zu, das komplette Team von Trainerin Silvia Neid kompakt, konzentriert und kreativ

Oktober 2007

Bei den Boliden gab es Regen,

kam dem Lewis wohl sehr entgegen.

2-Satz loss für Becker,

Russe war wohl kecker.

Für die Heidemann – Gold im Degen. *)

*) Formel 1: Bei Dauerregen siegt Lewis
Hamilton in Japan und ist fast Weltmeister;
Benjamin Becker verliert Finale der Thailand-
Tennis-Open gegen Russen Tursunov 2:6,1:6;
Britta Heidemann holt Degen-Goldmedaille bei
Fecht-WM in St. Petersburg

Oktober 2007

Dieser Joppich ist bald legendär,

der holt Titel, als wenn's gar nichts wär'.

Was nützt Laut'rer Tradition,

war nur früher 'ne Bastion.

Und der Klose fehlt drei Wochen sehr. *)

*) Fechten: Peter Joppich holt im Florett bereits
zum dritten Mal Gold bei einer WM; Fußball:
Traditionsverein Kaiserslautern nach 1:1 (gegen
Offenbach) nur Vorletzter in der 2. Liga; Top-
Scorer Miro Klose (Bay. München) fällt wg.
Knieverletzung ca. 3 Wochen aus

Oktober 2007

Nah' beim Neckar und nah' beim Wasen,

sah man Barcas hohe Kunst auf Rasen.

Uns're Damen wieder da,

große Party, hum da-da!

Und den Pokal sie nicht vergaßen! *)

*) Fußball-Champions League: Trotz einiger guter
Ansätze der Schwaben, gewinnt Barcelona
(Stuttgart – FC Barcelona 0:2) mit
überzeugender Fußball-Kunst im ehemaligen
Neckar-Stadion (nahe des Stuttgarter Wasens);
frenetischer Empfang der dt. Fußball-
Weltmeisterinnen in Frankfurt

Oktober 2007

Alle Viere, die spielten ganz toll,

alle sind weiter - wie eindrucksvoll!

Lewis – war da was los?

Junge – was war da los?

Deutschland auf eins, sagt das Protokoll! *)

*) Fußball UEFA-Cup: Nürnberg, Hamburg, Bay.
München, Bay. Leverkusen alle erfolgreich und
damit in Gruppenphase; Formel 1: WM-Favorit
Lewis Hamilton soll in safety-car – Phase
Konkurrenten behindert haben, Untersuchung
folgt; Deutsche Fußball - Frauen nach WM-Sieg
jetzt auch Nummer 1 der Weltrangliste

Oktober 2007

Lange Zeit nachdem sie Erste war,

stellte Jones die Doping-Sünde klar.

Herren Planchen-Zweiter,

Dortmunds 10-Mann fighter,

Milans Kaka, der '07 – Star! *)

*) Leichtathletik: Olympiasiegerin Marion Jones
(u.a. 100m, 200m, in Sydney 2000) gesteht nach
7 Jahren, dass sie bei den Siegen gedopt war;
Deutsche Herren-Florett-Fechter werden gute
„Zweite" bei WM; Fußball-Bundesliga: Dortmund
siegt trotz Unterzahl gegen Bochum 2:1; AC
Milans Brasilianer Kaka wird von Fußball-Kollegen
zum Welt-Spieler des Jahres 2007 gewählt

Oktober 2007

Die aus Baden die sind weiter keck,

hauen selbst die Schalker weg.

Stuttgart mit Problemen,

Heimspiel ging daneben.

Und Herr Kirch plant einen großen Scheck! *)

*) Bundesliga: Schalke – Karlsruhe 0:2
(Aufsteiger Karlsruhe damit sensationell
Tabellenzweiter); Stuttgart – Hannover 0:2 (VfB
Stuttgart nach Champions League - Pleite auch in
der Bundesliga weit unten; (Ex)-Medien-Mogul
Leo Kirch (damals für Premiere) plant wieder um
die Fußball-Bundesliga TV-Rechte mitzubieten

Oktober 2007

Bayerns Toni, der trifft wie er will.

Jetzt schon bekannter als Kinostar Till.

Formel 1 wieder offen,

noch drei können hoffen.

Vettel - ein Jubler, nicht wie gewohnt still. *)

*) Luca Toni trifft zum 8.-mal in der Bundesliga
für Bay. München (5-mal das wichtige 1:0) und
ist momentan sicherlich bekannter als Kinostar
Till Schweiger; Formel 1 in China: Nach
Hamilton's Ausfall wegen Reifenschaden haben
vor dem letzten Rennen Hamilton, Alonso und
Raikkönen WM-Titelchancen, der ansonsten
zurückhaltende Deutsche Sebastian Vettel feiert
seinen starken 4. Platz mit Freudenschrei

Oktober 2007

Ja, der Leo Kirch ist wieder da.

Ist die „Sportschau" damit in Gefahr?

Didi Hegen vom Eis,

Duisburg wurd's zu heiß.

Formel 1 jetzt ohne Austria. *)

*) Medienkaufmann Leo Kirch (Ex-Premiere)
erhält von Deutscher-Fußball-Liga das Recht, die
TV-Rechte zu vermarkten. Manche Experten
sehen dadurch die traditionelle Samstags- ARD-
„Sportschau" in Gefahr; Dt. Eishockey-Liga:
Duisburg entlässt Eishockey-Legende Dieter
Hegen als Trainer; Formel 1: Alexander Wurz,
der einzige Österreicher in der Formel 1, erklärt
seinen sofortigen Rücktritt

Oktober 2007

Weil der Dida, hat geschauspielert,

ist der Dida jetzt erst mal gesperrt.

Lions kantern Bären,

spiel'n in eig'nen Sphären.

Tommy Haas schlug Juan, nicht den Gerd! *)

*) Fußball: AC Mailands Torhüter Dida wegen
Unsportlichkeit (Schauspielerei) in der Champions
League für 2 Spiele gesperrt; Eishockey:
Frankfurt Lions führen nach 4:0 Sieg gegen
Mitkonkurrent Eisbären Berlin klar die Eishockey-
Liga an; Tennis: Tommy Haas nach 2-Satz Sieg
gegen Juan Marco im Halbfinale der ATP-Tennis
Stockholm Open

Oktober 2007

Zweifach hurra für England und Schotten.

So hat Presse jetzt nicht viel zu spotten.

Auch die Griechen siegen,

kann an Otto liegen.

Wird Kristensen den Ekström stoppen? *)

*) Fußball-EM-Quali: England (3:0 gegen
Estland) und Schottland (3:1 gegen die Ukraine)
wahren EM-Chancen; Auch der dt. Trainer Otto
Rehahagel gewinnt mit Griechenland (3:2 gegen
Bosnien-Herzegowina); Deutsche-Tourenwagen-
Meisterschaft: Pole Position im letzten Rennen für
Dänen Kristensen vor dem Gesamt-Führenden
Schweden Ekström

Oktober 2007

Diese Nullnummer uns freudig stimmt,

weil sie Deutschland die Quali-Angst nimmt.

Der Jens Lehmann hielt gut,

macht für London viel Mut.

Und die DTM Ekström gewinnt. *)

*) Fußball-EM-Quali: Deutschland nach 0:0 in
Irland als erstes Team für Euro 2008 (Österreich/
Schweiz) qualifiziert; Torhüter Lehmann hielt den
Kasten sauber und könnte so auch bei Arsenal
London wieder zum Stammtorhüter werden;
Motorsport: Mattias Ekström (Schweden) gewinnt
die Deutsche – Torenwagen-Meisterschaft (DTM)

Oktober 2007

Weil der Lehmann was Gelbes geseh'n,

wird der Timo im deutschen Tor steh'n.

Langer siegt bei Ü - fünfzig,

dort wird er golfen künftig.

Für die Kieler kann's weiter so geh'n! *)

*) Timo Hildebrand muss ins dt.Tor gegen
Tschechien, da Jens Lehmann wegen einer
gelben Karte gesperrt ist; Golf: dt. Golf-Legende
Bernhard Langer gewinnt gleich bei seinem
ersten über 50-jährigen -Turnier in Texas;
Handball: der THW Kiel hat die Tabellenführung
in der Handball-Bundesliga übernommen

Oktober 2007

Dieses Spiel war laut Löw "zum Vergessen".

Nur die Tschechen war'n richtig besessen.

Ohne Druck geht es nicht.

So - wird jeder zum Wicht.

Erst in Schweizreich wird ernsthaft gemessen. *)

*) Fußball-EM-Qualifikation: die bereits qualifizierte dt. Nationalmannschaft verliert sang- und klanglos 0:3 in München gegen Tschechien, die Ihrerseits noch Punkte brauchten. Erst die EM 2008 in Schweiz/Österreich wird zeigen, was die einzelnen Länder draufhaben.

Oktober 2007

Das Team Silbepfeil zuletzt ohne Schwung,

teils nur glücklos, teils einfach dumm.

Auf drei gurkt Alonso,

Lewis davor, auf zwo.

Und der Kimi – der war der schnellste Jung'! *)

*) Formel 1: Nach allerlei Querelen und
Missgeschicken werden die „Silberpfeile" von
McLaren-Mercedes mit Fernando Alonso und
Lewis Hamilton nur 3 und 2. . Kimi Raikönnen
/Finnland) wird überraschend doch noch
Weltmeister auf Ferrari. Ferrari gewinnt auch die
Teamwertung, da McLaren/Mercedes alle
Teampunkte wg. Schummelns aberkannt wurden.

November 2007

Lady Hallmich setzt den Schlussakkord.

Letzter Kampf an ihrem Heimatort.

Hingis war positiv.

Drogen – wie negativ.

Und Susi hört auf mit Rodel und Bob. *)

*) Boxen: Box-Weltmeisterin Regina Hallmich
beendet in Karlsruhe mit knappem Punktsieg ihre
sensationelle Box-Karriere; Tennis: Ex-
Weltranglistenerste Martina Hingis (Schweiz)
gesteht, in Wimbledon positiv auf Kokain getestet
worden zu sein; Bob, Rodeln: Die fünfmalige
Bob- und Rodelweltmeisterin Susi Erdmann
beendet Karriere

November 2007

Casey Stoner sieht man kaum – so rast er.

Justine Henin gewinnt das Tennis-Masters.

Federer bei den Herrn,

Tennis spielt der gern.

Deutsche Boxer „Master of Desaster". *)

*) Motorrad: Casey Stoner (Australien) gewinnt als erster Fahrer auf einer italienischen Ducati die WM; Justine Henin (Belgien) und Roger Federer (Schweiz) gewinnen ATP-Tennis-Masters; Amateurboxen: Deutsche Boxer erstmals seit der Wiedervereinigung ohne Medaille bei einer Amateur-WM

Dezember 2007

Kaka, das ist der große Sieger.

Felix, der Stangen-Überflieger.

Bayern zur Halbzeit vorn.

Nur 1 Spiel sie verlor'n.

Hitzfeld: Schweiz oder München lieber? *)

*) Fußball: Kaka (Brasilien, AC Milan) wird
Europas und Welt-Fußballer des Jahres; Ski: Felix
Neureuther holt starken 2. Platz beim Weltcup-
Slalom in Südtirol; Fußball: Bayern München wird
Bundesliga-Herbstmeister (4 Tore vor W.
Bremen); FC Bayern-Trainer Ottmar Hitzfeld:
Bleibt er bei den Münchnern oder wird er
Nationaltrainer in der Schweiz?

Dezember 2007

Gekürt wurde in Baden-Baden,

was wir an Sport-Prominenz haben.

Fabian – Turnergott.

Neuner – auch optisch top.

Und die Handballer alles gaben. *)

*) Wahl der Sportler des Jahres (Gala in Baden-Baden): Fabian Hambüchen (Turnen, Sportler des Jahres), Magdalena Neuner (Biathlon, Sportlerin des Jahres), Deutsche Männer-Handball-Weltmeister (Mannschaft des Jahres)

Dezember 2007/ Januar 2008

Morgenstern, der siegt sechsmal in Folge

Deutsche – anfangs nur wenige Erfolge.

Garmisch – neue Schanz steht.

Innsbruck - vom Winde verweht.

Jane schickt Weißflog in's Gefolge. *)

*) Skispringen: Österreicher Thomas
Morgenstern gewinnt 6 Weltcup-Springen
hintereinander (Rekord), Deutsche Springer erst
schwächer, dann durch Michael Neumayer starker
Platz 3 bei der Vier-Schanzentournee. In
Garmisch wird neue Schanze eingeweiht.
Springen in Innsbruck wegen Sturmes abgesagt
(Springen nach Bischofshofen verlegt), der Finne
Jane Ahon schafft als erster Springer 5-fachen
Tournee-Sieg und lässt damit den deutschen Jens
Weißflog hinter sich (4 Siege)